SOBRE O AUTOR

Deivison Viana Andrade é um pesquisador renomado e arquiteto de software com mais de 15 anos de experiência na indústria de programação. Durante sua trajetória, Deivison tem se destacado por desenvolver soluções inovadoras, transformando complexidades técnicas em aplicações práticas e eficientes. Este talento singular o consolidou como uma liderança no campo da tecnologia da informação.

Com uma intensa paixão por pesquisa e desenvolvimento, Deivison tem contribuído significativamente para avanços tecnológicos, sempre buscando novas maneiras de aperfeiçoar e evoluir sistemas e tecnologias. Seu compromisso contínuo com a excelência o levou a obter especializações em Ciência de Dados e Big Data Analytics, áreas nas quais ele tem aplicado seus vastos conhecimentos para impulsionar inovações e resolver problemas complexos.

Além de sua experiência prática e acadêmica, Deivison é um colaborador ativo em várias comunidades de tecnologia. Ele compartilha seu conhecimento e expertise regularmente, oferecendo mentorias e participando em workshops e conferências, com o objetivo de inspirar e capacitar a próxima geração de profissionais de TI. Sua habilidade em simplificar conceitos complexos e sua abordagem prática no ensino de programação e análise de dados têm ajudado muitos a avançar em suas carreiras.

PREFÁCIO

A ciência de dados é uma área que transforma uma grande quantidade de dados brutos em insights profundos, orientando decisões críticas em negócios, ciência, e quase todos os outros aspectos da sociedade moderna. Na jornada para se tornar um cientista de dados, um profissional deve ser não apenas tecnicamente hábil, mas também curioso e persistentemente inovador. É este o espírito que busquei encapsular neste livro.

Este guia é o resultado de anos de experiência prática, pesquisa acadêmica e uma paixão inabalável por fazer a diferença através da tecnologia. Com um foco particular em tornar a ciência de dados acessível e aplicável, espero que este livro sirva como um recurso valioso para aqueles que estão começando sua carreira, bem como para profissionais que buscam aprofundar seu conhecimento e habilidades na área.

Ao longo das páginas seguintes, você encontrará não apenas técnicas e conhecimentos teóricos, mas também lições práticas que são fruto de experiências reais de campo. Seja você um estudante, um profissional em transição de carreira, ou um cientista de dados já estabelecido, este livro é projetado para ajudá-lo a alcançar a excelência em suas práticas e projetos.

Com este livro, convido você a embarcar em uma jornada de descoberta e inovação. Explore cada capítulo, pratique cada técnica e junte-se à comunidade global de cientistas de dados que estão moldando o futuro através do poder dos dados.

INTRODUÇÃO AO MUNDO DA CIÊNCIA DE DADOS

INTRODUÇÃO

A ciência de dados tem se tornado uma das áreas mais excitantes e em demanda no mercado de trabalho. Neste capítulo, exploraremos o que é ciência de dados, por que é crucial em diversas indústrias e algumas das aplicações práticas que estão transformando o mundo.

O QUE É CIÊNCIA DE DADOS?

A ciência de dados é um campo interdisciplinar que utiliza métodos científicos, processos, algoritmos e sistemas para extrair conhecimento e insights de dados estruturados e não estruturados. Aqui, discutiremos os componentes essenciais da ciência de dados, incluindo big data, machine learning e inteligência artificial, destacando como eles se interconectam para resolver problemas reais.

IMPORTÂNCIA DA CIÊNCIA DE DADOS

Este segmento abordará como a ciência de dados está impulsionando inovações em setores como saúde, finanças, transporte e além. Examinaremos casos específicos onde a análise de dados tem sido fundamental para prever comportamentos de consumo, otimizar operações logísticas e personalizar tratamentos médicos, demonstrando o impacto real e tangível da ciência de dados.

A UNIVERSALIDADE DA CIÊNCIA DE DADOS: QUALQUER UM PODE ENTRAR?

Desmistificando quem pode ser cientista de dados

A ideia de que a ciência de dados é apenas para "gênios matemáticos" ou para aqueles com formações avançadas em tecnologia é um mito que precisa ser desmontado. Na verdade, o campo da ciência de dados é notavelmente acessível para uma ampla gama de pessoas, graças à disponibilidade de recursos de aprendizado, ferramentas de software intuitivas e uma comunidade global de apoio.

A ciência de dados, como campo de estudo e trabalho, valoriza a curiosidade, a capacidade de resolver problemas e a perseverança, qualidades que transcendem os tradicionais antecedentes acadêmicos ou técnicos. Importante ressaltar que enquanto um background em estatística, matemática ou programação pode dar uma vantagem inicial, as habilidades necessárias para se tornar um cientista de dados eficaz podem ser adquiridas por meio de estudo e prática diligente.

HISTÓRIAS DE TRANSIÇÃO DE CARREIRA BEM-SUCEDIDAS

Para ilustrar a acessibilidade da ciência de dados, vale a pena compartilhar histórias de indivíduos que fizeram transições de carreira bem-sucedidas de campos não técnicos para a ciência de dados.

1. De vendedor a cientista de dados: Marcos, anteriormente um vendedor de uma grande rede de varejo, sempre teve um fascínio por números e padrões. Ele começou a aprender ciência de dados através de cursos online gratuitos e workshops. Após 18 meses de estudo consistente, ele agora lidera uma equipe de análise de dados em uma empresa de e-commerce, usando análise preditiva para otimizar as vendas e o inventário.
2. De professora de inglês para analista de dados: Ana, uma ex-professora de inglês, encontrou na ciência de dados uma nova vocação. Ela utilizou suas habilidades de comunicação e ensino para mergulhar nos dados e transformá-los em histórias compreensíveis para todos na empresa. Seu trabalho agora foca em transformar insights complexos de dados em estratégias claras e eficazes para campanhas de marketing.
3. De chef de cozinha a especialista em data science: João, que começou sua carreira como chef de cozinha, sempre teve interesse em processos e eficiência. Ele se dedicou a estudar ciência de dados durante as horas

vagas e agora aplica sua experiência em análise de dados para melhorar as operações de restaurantes, otimizando tudo, desde o planejamento do cardápio até a logística de suprimentos.

PRINCÍPIOS BÁSICOS DA CIÊNCIA DE DADOS

A ciência de dados é uma disciplina que interliga conhecimentos de estatística, matemática, programação e entendimento de negócios para extrair insights valiosos de dados brutos. Este capítulo aborda os fundamentos matemáticos e estatísticos necessários para compreender a ciência de dados, além de introduzir o Python, uma das linguagens de programação mais populares na área.

CONCEITOS FUNDAMENTAIS DE MATEMÁTICA E ESTATÍSTICA

Matemática Básica: Na ciência de dados, a matemática básica abrange álgebra, cálculo e álgebra linear. Álgebra ajuda na formulação de equações que modelam problemas de dados. Cálculo é utilizado para encontrar tendências em mudanças de dados, enquanto álgebra linear é essencial para lidar com dados em formatos matriciais, frequentemente usados em aprendizado de máquina.

- **Álgebra:** Manipulação de equações e resolução de variáveis.
- **Cálculo:** Derivadas e integrais para entender as mudanças.
- **Álgebra Linear:** Vetores e matrizes, essenciais para operações de dados em grande escala.

Estatística: A estatística é a espinha dorsal da ciência de dados. Ela permite compreender, descrever e fazer previsões a partir de dados. Conceitos chave incluem:

- **Estatística Descritiva:** Média, mediana, modo, desvio padrão e quartis.
- **Probabilidade:** Entendimento de probabilidades para inferir resultados e tomar decisões.
- **Inferência Estatística:** Testes de hipóteses e intervalos de confiança para generalizar conclusões a partir de

amostras de dados.

PRIMEIROS PASSOS COM PYTHON PARA CIÊNCIA DE DADOS

Introdução ao Python: Python é uma linguagem de programação que se destaca pela sua simplicidade e legibilidade, sendo altamente recomendada para iniciantes e amplamente utilizada por profissionais de dados. É suportada por uma vasta biblioteca de recursos que facilitam a manipulação, análise e visualização de dados.

Configuração do Ambiente de Trabalho: Para começar a programar em Python, é necessário configurar um ambiente. Recomenda-se instalar o Anaconda, uma distribuição que inclui Python e a maioria das bibliotecas necessárias para a ciência de dados, como Pandas, NumPy, Matplotlib, Scikit-learn, entre outras.

```
# Instalação do Anaconda
Baixe o Anaconda de https://www.anaconda.com/products/distribution
Siga as instruções de instalação para o seu sistema operacional.
```

Primeiros Códigos em Python: Aqui está um exemplo simples de como usar Python para ciência de dados. Este script demonstra como carregar um conjunto de dados e realizar uma análise estatística básica com a biblioteca Pandas.

```python
import pandas as pd
# Carregar dados
```

```
data = pd.read_csv('exemplo_dataset.csv')
# Visualizar as primeiras linhas do dataset
print(data.head())
# Descrição estatística dos dados
print(data. Describe())
```

Praticando com **Datasets** Reais: Para quem está começando, uma ótima maneira de praticar é explorar datasets disponíveis em plataformas como **Kaggle** (https://www.kaggle.com/datasets) ou no repositório **UCI Machine Learning** (https://archive.ics.uci.edu/ml/index.php).

Esses sites oferecem uma variedade de dados que podem ser utilizados para projetos e aprendizado prático.

MANIPULAÇÃO E ANÁLISE DE DADOS

A manipulação e análise de dados são fundamentais na ciência de dados, permitindo transformar conjuntos de dados brutos em informações úteis e acionáveis. Este capítulo explora como utilizar as bibliotecas **Pandas** e **NumPy** para efetuar tais tarefas, além de discutir técnicas essenciais para a limpeza e preparação de dados.

EXPLORANDO DADOS COM PANDAS E NUMPY

Pandas: Uma das ferramentas mais poderosas para manipulação de dados em Python, Pandas é ideal para trabalhar com dados tabulares como os encontrados em planilhas e bancos de dados. Pandas oferece estruturas de dados flexíveis que facilitam a manipulação de dados, incluindo a leitura, a filtragem, a agregação e a transformação.

```python
import pandas as pd

# Carregar um DataFrame
df = pd.read_csv('data.csv')

# Selecionar uma coluna específica
print(df['nome_da_coluna'])

# Filtrar linhas com base em uma condição
filtered_data = df[df['idade'] > 30]

# Agrupar dados e calcular médias
average_data = df.groupby('categoria')['valor'].mean()
print(average_data)
```

NumPy: Essencial para computação científica com Python, NumPy permite trabalhar com arrays de alta performance e matrizes multidimensionais. NumPy é extremamente útil para realizar operações matemáticas complexas em grandes volumes de dados.

```python
import numpy as np
# Criar um array NumPy
array = np.array([1, 2, 3, 4, 5])
# Calcular a média dos elementos do array
mean = np.mean(array)
print(mean)
# Realizar operações elemento a elemento
squared_array = array ** 2
print(squared_array)
```

TÉCNICAS DE LIMPEZA E PREPARAÇÃO DE DADOS

A limpeza de dados é uma etapa crítica no processo de análise de dados, pois dados mal formatados ou incompletos podem levar a conclusões errôneas.

Identificação e Tratamento de Valores Ausentes: Dados ausentes podem ser tratados de várias maneiras, como imputação, onde valores ausentes são substituídos por médias ou medianas, ou exclusão, onde linhas ou colunas com valores ausentes são completamente removidas.

```
# Tratar valores ausentes substituindo-os pela média
df['coluna'].fillna(df['coluna'].mean(), inplace=True)
# Remover linhas com valores ausentes
df.dropna(inplace=True)
```

Correção de Formatos e Tipos de Dados Inconsistentes: É comum encontrar dados que estão no tipo ou formato errado. Converter esses dados para o formato correto é essencial para análises subsequentes.

```
# Converter uma coluna para tipo float
df['coluna'] = df['coluna'].astype(float)
# Converter uma string de data para datetime
df['data'] = pd.to_datetime(df['data'])
```

Detecção e Tratamento de Outliers: Outliers podem distorcer análises estatísticas e modelos preditivos. Eles podem ser detectados por métodos estatísticos e, dependendo do caso, podem ser removidos ou ajustados.

```
# Detectar outliers usando o método IQR
Q1 = df['coluna'].quantile(0.25)
Q3 = df['coluna'].quantile(0.75)
IQR = Q3 - Q1
outliers = df[(df['coluna'] < (Q1 - 1.5 * IQR)) | (df['coluna'] > (Q3 + 1.5 * IQR))]

# Tratar outliers removendo-os
df = df[~((df['coluna'] < (Q1 - 1.5 * IQR)) | (df['coluna'] > (Q3 + 1.5 * IQR)))]
```

APLICAÇÕES PRÁTICAS

Para solidificar o aprendizado, os leitores são encorajados a aplicar essas técnicas em conjuntos de dados reais. Links para repositórios no GitHub contendo scripts de análise e conjuntos de dados são fornecidos para que os leitores possam praticar e visualizar os impactos das técnicas aprendidas.

FERRAMENTAS E TECNOLOGIAS PARA CIENTISTAS DE DADOS

O sucesso na ciência de dados depende não apenas do conhecimento teórico e prático, mas também do uso eficaz de ferramentas e tecnologias adequadas. Este capítulo oferece uma visão geral das melhores ferramentas do mercado e explora como o GitHub pode ser essencial para os cientistas de dados.

UMA VISÃO GERAL DAS MELHORES FERRAMENTAS DO MERCADO

Linguagens de Programação

Python e R: Dominantes no campo da ciência de dados devido à sua vasta gama de bibliotecas e frameworks. Python é louvado por sua sintaxe simples e bibliotecas como NumPy, Pandas, Matplotlib, Scikit-Learn e TensorFlow. R é preferido por estatísticos e por aqueles que necessitam de análises complexas e visualizações especializadas, com pacotes como ggplot2, dplyr e shiny.

Plataformas de Análise de Dados

SAS: Um poderoso sistema de software para análise avançada, gestão de dados, e business intelligence. É amplamente utilizado em indústrias que requerem altos níveis de conformidade regulatória, como saúde e financeiro.

SPSS: Focado principalmente em análises estatísticas para ciências sociais e dados de pesquisa, SPSS é conhecido por sua interface amigável e abordagem guiada para processamento de dados.

Ferramentas de Visualização de Dados

Tableau: Oferece uma plataforma intuitiva para criar visualizações de dados interativas e compartilháveis. É altamente valorizado por sua capacidade de integrar-se com uma variedade de fontes de dados.

Power BI: Da Microsoft, é uma ferramenta de business intelligence que permite a criação de dashboards e relatórios ricos e interativos, com uma profunda integração com outros produtos Microsoft.

Ambientes de Desenvolvimento Integrado (IDEs) e Notebooks

Jupyter Notebook: Ideal para prototipagem e compartilhamento de notebooks de ciência de dados, que misturam código, visualizações e texto explicativo.

RStudio: Um IDE específico para R que também suporta a criação de relatórios e apresentações de dados.

Big Data e Infraestrutura

Apache Hadoop: Um framework que permite o processamento distribuído de grandes conjuntos de dados através de clusters de computadores usando simples modelos de programação.

Apache Spark: Conhecido por sua rapidez em processamento de grandes datasets e capacidade de realizar análises complexas em tempo real.

COMO O GITHUB PODE SER UMA FERRAMENTA ESSENCIAL

Colaboração e Compartilhamento de Código

O GitHub não é apenas um repositório para armazenar código; é uma ferramenta vital para colaboração. Cientistas de dados podem usar o GitHub para colaborar em projetos, revisar código, e manter um histórico de todas as alterações em seus scripts.

Branching e Merging: Facilita o desenvolvimento de novas features ou experimentos sem afetar o projeto principal.

Pull Requests e Code Review: Permite que outros colaboradores revisem e discutam mudanças antes de integrá-las ao projeto principal.

Versionamento e Backup

O GitHub usa o Git para controle de versão, o que significa que cada alteração é rastreada e pode ser revertida se necessário, proporcionando uma segurança significativa contra perda ou danos aos dados.

Histórico Completo: Cada commit no GitHub contém uma timestamp e a identificação do autor, permitindo um rastreamento fácil de quando e por quem uma mudança foi feita.

Branches Isoladas: Garantem que experimentações ou mudanças não interrompam o fluxo de trabalho atual.

PORTFÓLIO E DEMONSTRAÇÃO DE HABILIDADES

Para cientistas de dados em busca de oportunidades de carreira, o GitHub serve como um portfólio de suas habilidades técnicas. Projetos bem documentados e códigos limpos podem impressionar potenciais empregadores ou colaboradores.

READMEs detalhados: Oferecem uma visão geral de cada projeto, incluindo objetivos, tecnologias utilizadas e resultados.

Licenças e Contribuições: Esclarecem como outros podem usar ou contribuir para o projeto.

INTRODUÇÃO AO APRENDIZADO DE MÁQUINA

Aprendizado de máquina, ou machine learning (ML), é um campo vital dentro da ciência de dados, responsável por desenvolver algoritmos que permitem que computadores aprendam a partir de dados e façam previsões ou tomem decisões sem serem explicitamente programados para cada tarefa. Este capítulo oferece uma introdução aos algoritmos de aprendizado de máquina e guia o leitor através do processo de construção e treinamento de modelos simples.

ALGORITMOS DE MACHINE LEARNING EXPLICADOS

O aprendizado de máquina pode ser categorizado em três tipos principais: supervisionado, não supervisionado e reforço. Vamos explorar cada um com exemplos de algoritmos e suas aplicações.

Aprendizado Supervisionado: Neste tipo, o modelo é treinado em um conjunto de dados que contém as entradas e as saídas desejadas. O objetivo é que o modelo aprenda a mapear as entradas para as saídas.

- **Regressão Linear:** Usado para prever valores contínuos. Ele assume uma relação linear entre as variáveis de entrada e saída.
- **Regressão Logística:** Apesar do nome, é utilizado para classificação binária, prevendo categorias discretas.
- **Árvores de Decisão:** Podem ser usadas tanto para classificação quanto para regressão. Elas aprendem a tomar decisões baseadas em perguntas sim/não sobre os dados.
- **Aprendizado Não Supervisionado:** Aqui, o modelo tenta aprender a estrutura ou padrões dos dados sem qualquer saída especificada.

- **K-means Clustering:** Um método para agrupar dados em k clusters determinados pelo usuário.

Análise de Componentes Principais (PCA): Usado para reduzir a dimensionalidade dos dados enquanto mantém a maior parte da informação.

Aprendizado por Reforço: Neste tipo, o modelo aprende a tomar decisões através de tentativa e erro, recebendo recompensas por ações bem-sucedidas.

Q-Learning: Uma técnica que permite ao agente aprender a otimizar suas decisões baseado em recompensas.

- Construção e Treinamento de Modelos Simples
- Configurando o Ambiente Python

Para começar, é essencial configurar um ambiente Python com bibliotecas adequadas, como Scikit-learn, que é uma biblioteca simples e eficiente para aprendizado de máquina.

```
pip install numpy pandas scikit-learn matplotlib
```

CONSTRUINDO UM MODELO DE REGRESSÃO LINEAR

Vamos criar um modelo de regressão linear simples para prever preços de casas com base em sua área (metros quadrados).

```python
import numpy as np
import matplotlib.pyplot as plt
from sklearn.linear_model import LinearRegression
from sklearn.model_selection import train_test_split
from sklearn.metrics import mean_squared_error

# Dados fictícios
X = np.array([[50], [60], [70], [80], [90]])  # área em metros quadrados
y = np.array([150000, 180000, 210000, 240000, 270000])  # preço

# Dividindo os dados em treino e teste
X_train, X_test, y_train, y_test = train_test_split(X, y, test_size=0.2, random_state=42)

# Criando e treinando o modelo
model = LinearRegression()
model.fit(X_train, y_train)

# Previsão e avaliação
y_pred = model.predict(X_test)
error = mean_squared_error(y_test, y_pred)

print("Erro quadrático médio:", error)
plt.scatter(X, y, color='blue')  # Dados reais
plt.plot(X, model.predict(X), color='red')  # Linha de previsão
plt.title('Previsão de Preço de Casas')
plt.xlabel('Área (m²)')
plt.ylabel('Preço')
plt.show()
```

Este exemplo ilustra como um modelo simples pode ser construído e treinado para fazer previsões baseadas em dados históricos. Ao entender e aplicar esses princípios básicos, você pode começar a explorar modelos mais complexos e suas aplicações em diversos campos.

MODELAGEM AVANÇADA E TÉCNICAS DE APRENDIZADO PROFUNDO

À medida que a ciência de dados avança, o aprendizado profundo (deep learning) se torna uma ferramenta cada vez mais crucial para resolver problemas complexos que envolvem grandes volumes de dados e exigem a modelagem de relações não-lineares. Este capítulo introduz o aprendizado profundo utilizando TensorFlow e Keras, duas das bibliotecas mais populares para essa finalidade, e oferece exemplos práticos de redes neurais.

INTRODUÇÃO AO APRENDIZADO PROFUNDO COM TENSORFLOW E KERAS

TensorFlow: Desenvolvido pela Google, TensorFlow é uma biblioteca poderosa para cálculos numéricos e aprendizado de máquina que permite a construção e treinamento de modelos de aprendizado profundo de maneira eficiente e escalável. É conhecido por sua flexibilidade e capacidade de operar com grandes conjuntos de dados.

Keras: Uma interface de alto nível para TensorFlow (e outras bibliotecas, como Theano), Keras é projetada para ser modular e extensível. Facilita a experimentação rápida com redes neurais, sendo ideal para iniciantes devido à sua simplicidade, enquanto mantém a flexibilidade necessária para pesquisadores avançar em projetos complexos.

CONFIGURANDO O AMBIENTE:

Para começar a trabalhar com TensorFlow e Keras, é necessário instalar os pacotes apropriados. Utilize o seguinte comando em seu ambiente Python:

```
pip install tensorflow keras
```

Exemplos Práticos de Redes Neurais

Rede Neural Simples para Classificação de Dígitos com MNIST:

O MNIST é um conjunto de dados que contém milhares de imagens de dígitos escritos à mão. Vamos construir uma rede neural simples para classificar essas imagens.

```python
import tensorflow as tf
from tensorflow.keras import layers, models

# Carregar dados
mnist = tf.keras.datasets.mnist
(train_images, train_labels), (test_images, test_labels) = mnist.load_data()

# Normalizar os dados
train_images, test_images = train_images / 255.0, test_images / 255.0

# Construir o modelo
model = models.Sequential([
    layers.Flatten(input_shape=(28, 28)),
    layers.Dense(128, activation='relu'),
    layers.Dropout(0.2),
    layers.Dense(10, activation='softmax')
])

# Compilar o modelo
```

```python
model.compile(optimizer='adam',
              loss='sparse_categorical_crossentropy',
              metrics=['accuracy'])

# Treinar o modelo
model.fit(train_images, train_labels, epochs=5)

# Avaliar o modelo
test_loss, test_acc = model.evaluate(test_images, test_labels, verbose=2)
print('\nTest accuracy:', test_acc)
```

Rede Neural Convolucional (CNN) para Reconhecimento de Imagens:

Redes Neurais Convolucionais são especialmente poderosas para tarefas relacionadas à visão computacional, como reconhecimento de imagens.

```python
# Construir o modelo CNN
model = models.Sequential([
    layers.Conv2D(32, (3, 3), activation='relu', input_shape=(28, 28, 1)),
    layers.MaxPooling2D((2, 2)),
    layers.Conv2D(64, (3, 3), activation='relu'),
    layers.MaxPooling2D((2, 2)),
    layers.Conv2D(64, (3, 3), activation='relu'),
    layers.Flatten(),
    layers.Dense(64, activation='relu'),
    layers.Dense(10, activation='softmax')
])

# O restante do processo de compilação, treinamento e avaliação é semelhante
ao exemplo anterior.
```

Estes exemplos mostram como configurar e treinar redes neurais básicas para tarefas de classificação de imagens. O aprendizado profundo tem o poder de transformar vastos conjuntos de dados brutos em insights profundos e ações, abrindo novos horizontes para a ciência de dados em muitas áreas.

VISUALIZAÇÃO DE DADOS E COMUNICAÇÃO

A visualização de dados é uma das habilidades mais importantes na ciência de dados, pois permite que os cientistas de dados comuniquem efetivamente as descobertas complexas de uma forma que seja compreensível para todos os públicos. Este capítulo explora diferentes ferramentas e técnicas para criar visualizações de dados impactantes, além de discutir a arte de contar histórias com dados.

FERRAMENTAS E TÉCNICAS PARA CRIAR VISUALIZAÇÕES IMPACTANTES

Ferramentas Populares de Visualização de Dados

- **Tableau:** Uma das ferramentas mais populares e poderosas para visualização de dados, o Tableau permite aos usuários criar uma ampla variedade de visualizações interativas e compartilháveis sem necessidade de programação avançada. É particularmente útil para criar dashboards dinâmicos e mapas interativos.
- **Power BI:** Similar ao Tableau, o Power BI da Microsoft é outra ferramenta robusta para visualizações e análise de negócios. Integra-se bem com outras ferramentas do Microsoft Office, como Excel e SharePoint, facilitando a colaboração e o compartilhamento de insights.
- **Python e R:** Para aqueles que preferem uma abordagem mais programática, bibliotecas como Matplotlib e Seaborn em Python, e ggplot2 em R, oferecem excelentes opções para a criação de visualizações personalizadas. Estas bibliotecas são extremamente flexíveis e poderosas, permitindo a criação de quase qualquer tipo de gráfico ou visualização de dados.

TÉCNICAS DE VISUALIZAÇÃO EFICAZES

- Escolha do Tipo de Gráfico Apropriado: A chave para uma visualização eficaz é escolher o tipo de gráfico que melhor representa os dados. Por exemplo, gráficos de linhas são ótimos para mostrar tendências ao longo do tempo, enquanto gráficos de barras são melhores para comparar quantidades.
- Uso de Cores e Layout: A cor pode ser uma ferramenta poderosa para melhorar a legibilidade e a interpretação dos dados. O uso de um layout claro e a organização intuitiva dos elementos visuais também são cruciais para comunicar a mensagem efetivamente.
- Interatividade: Gráficos interativos permitem que os usuários explorem os dados por conta própria, o que pode ser uma forma poderosa de engajamento e compreensão mais profunda.

A ARTE DE CONTAR HISTÓRIAS COM DADOS

Narrativa com Dados

Contar histórias com dados não é apenas sobre visualizações impressionantes, mas também sobre construir uma narrativa que guie o público através dos dados de uma maneira que seja lógica, informativa e convincente. Aqui estão algumas dicas para contar histórias eficazes com dados:

- Comece com uma Pergunta: Toda boa história de dados começa com uma pergunta ou um problema que precisa ser resolvido. Isso define o tom para a análise e a apresentação subsequente.
- Estrutura da História: Organize sua narrativa em uma estrutura clara - começo, meio e fim. Isso ajuda a guiar o público através da sua análise e as conclusões que você tirou.
- Contextualização dos Dados: É importante não apenas apresentar os dados, mas também fornecer contexto sobre por que são importantes. Relacionar os dados com situações do mundo real pode ajudar a tornar a história mais relatable e compreensível.
- Chamada para Ação: Muitas histórias de dados são usadas para persuadir ou motivar uma mudança. Terminar com uma chamada clara para ação pode ser uma forma poderosa de encerrar uma apresentação de dados.

EXEMPLO PRÁTICO DE NARRATIVA COM DADOS

Imagine que você está apresentando dados sobre o impacto de uma campanha de marketing digital. Você poderia começar destacando a questão central, como "Como a última campanha de marketing impactou as vendas?" Seguiria mostrando as tendências de vendas antes e após a campanha usando gráficos de linha e terminaria destacando o aumento percentual nas vendas, sugerindo possíveis passos para futuras campanhas.

PROJETOS PRÁTICOS E ESTUDOS DE CASO

A aplicação prática do conhecimento é essencial para o desenvolvimento de habilidades em ciência de dados. Este capítulo oferece uma visão detalhada de como desenvolver projetos de ciência de dados do zero e utiliza estudos de caso reais para ilustrar os processos. Além disso, discute como usar repositórios no GitHub para experimentação e aprendizado contínuo.

DESENVOLVIMENTO DE PROJETOS DO ZERO

Identificação do Problema

Todo projeto de ciência de dados começa com a identificação de um problema específico que precisa ser resolvido ou de uma pergunta que precisa ser respondida. Isso pode vir de uma necessidade empresarial, uma questão de pesquisa acadêmica ou mesmo curiosidade pessoal. Exemplos incluem melhorar a previsão de demanda de estoque, analisar sentimentos de resenhas de clientes, ou otimizar rotas de entrega.

COLETA E PREPARAÇÃO DE DADOS

A coleta de dados pode envolver a extração de informações de diversas fontes, como bancos de dados empresariais, APIs públicas, datasets disponíveis em repositórios online, ou até mesmo a criação de datasets através de experimentos ou surveys. Uma vez coletados, os dados passam por um processo de limpeza e preparação, o que pode incluir tratamento de valores ausentes, correção de erros, e transformações de dados para formatos adequados para análise.

ANÁLISE EXPLORATÓRIA DE DADOS (EDA)

A EDA é uma etapa crucial que envolve sumarizar as características principais dos dados, frequentemente com métodos visuais. Esse processo ajuda a identificar padrões, anomalias, tendências e relações importantes entre as variáveis.

MODELAGEM E AVALIAÇÃO

Dependendo do problema, diferentes modelos e algoritmos de machine learning podem ser aplicados. O processo de modelagem inclui a seleção do modelo, treinamento do modelo com dados de treino, e avaliação da performance do modelo usando métricas apropriadas. Ajustes e melhorias são feitos com base nos resultados obtidos.

IMPLEMENTAÇÃO E MONITORAMENTO

O último passo é a implementação do modelo em um ambiente de produção, onde ele pode começar a ser usado para fazer previsões ou tomar decisões automáticas. O monitoramento contínuo é necessário para garantir que o modelo permaneça eficaz diante de novos dados ou mudanças no ambiente.

REPOSITÓRIOS NO GITHUB PARA EXPERIMENTAÇÃO E APRENDIZADO

Como Utilizar o GitHub

O GitHub é uma plataforma essencial para o compartilhamento e colaboração em projetos de ciência de dados. Cientistas de dados podem criar repositórios para seus projetos, onde podem armazenar códigos, dados, notebooks e documentação. Além disso, podem colaborar com outros desenvolvedores, receber feedback sobre seu trabalho, e contribuir para projetos de outros usuários.

EXEMPLO DE REPOSITÓRIO NO GITHUB

Para ilustrar, aqui está um guia passo a passo de como criar um repositório no GitHub para um projeto de ciência de dados:

1. Criar um Novo Repositório: No GitHub, clique em "New repository", dê um nome ao seu repositório, e adicione uma descrição breve.
2. Adicionar Arquivos: Use git add, git commit, e git push para adicionar seus notebooks, scripts, e arquivos de dados ao repositório.
3. Documentação: Adicione um arquivo README.md ao repositório para explicar o objetivo do projeto, como os dados podem ser usados, e como executar os scripts.
4. Licença: Escolher uma licença apropriada para o seu projeto para informar aos usuários como eles podem usar seu código e dados.

ESTUDOS DE CASO PRÁTICOS

- Previsão de Demanda de Energia: Um estudo de caso sobre como um modelo de machine learning pode ser desenvolvido para prever a demanda de energia elétrica em uma cidade, utilizando dados históricos de consumo.
- Análise Sentimental de Tweets: Um projeto prático que usa processamento de linguagem natural para analisar o sentimento de tweets sobre um determinado tópico ou evento.

TESTANDO E VALIDANDO MODELOS DE DADOS

A validação de modelos é uma etapa crucial no desenvolvimento de projetos de machine learning, assegurando que os modelos são precisos, confiáveis e generalizáveis para novos dados. Este capítulo aborda como garantir a precisão e a confiabilidade dos modelos, além de detalhar técnicas de validação cruzada e ajuste de hiperparâmetros.

COMO GARANTIR A PRECISÃO E A CONFIABILIDADE DOS MODELOS

Conjuntos de Dados de Treino e Teste

Uma prática padrão em machine learning é dividir os dados em conjuntos de treino e teste. O modelo é treinado com o conjunto de treino e validado com o conjunto de teste, que não foi visto pelo modelo durante o treinamento. Isso ajuda a avaliar como o modelo se comporta diante de novos dados, evitando problemas como o overfitting, onde o modelo aprende a prever perfeitamente os dados de treino, mas falha em generalizar para dados não vistos.

MÉTRICAS DE AVALIAÇÃO

Dependendo do tipo de modelo (regressão ou classificação), diferentes métricas são usadas para avaliar a precisão e a confiabilidade. Para modelos de regressão, métricas como o erro quadrático médio (MSE) e o coeficiente de determinação (R^2) são comuns. Para classificação, precisão, recall, F1-score e a área sob a curva ROC (AUC) são frequentemente utilizadas. Estas métricas fornecem insights sobre diferentes aspectos do desempenho do modelo.

TÉCNICAS DE VALIDAÇÃO CRUZADA E AJUSTE DE HIPERPARÂMETROS

Validação Cruzada

A validação cruzada é uma técnica para avaliar a generalização de um modelo estatístico. Em vez de usar um único conjunto de treino/teste, a validação cruzada divide o conjunto de dados em várias partes, ou "folds". O modelo é treinado várias vezes, cada vez usando um fold diferente como o conjunto de teste e os demais como conjunto de treino.

- **K-Fold Cross-Validation:** O método mais comum, onde o dataset é dividido em 'k' partes iguais. Se 'k' for 5, por exemplo, o dataset é dividido em 5 partes e o modelo é treinado e testado 5 vezes, com cada parte sendo usada como teste uma vez.
- **Leave-One-Out (LOO):** Uma forma de validação cruzada onde cada instância é usada uma vez como um teste único enquanto o restante compõe o conjunto de treino. Isso é especialmente útil para conjuntos de dados muito pequenos.

AJUSTE DE HIPERPARÂMETROS

Hiperparâmetros são os parâmetros de configuração que não são aprendidos automaticamente pelo modelo durante o treinamento. Ajustar esses hiperparâmetros é essencial para otimizar o desempenho do modelo.

- Grid Search: Uma técnica que testa todas as combinações possíveis de hiperparâmetros e seleciona o conjunto que produz o melhor resultado com base em uma métrica específica.
- Random Search: Similar ao grid search, mas em vez de testar todas as combinações possíveis, o random search seleciona combinações aleatórias de hiperparâmetros para testar, o que pode ser mais eficiente para espaços de hiperparâmetros muito grandes.

Exemplo Prático: Validação Cruzada em Python com scikit-learn

```
from sklearn.model_selection import cross_val_score
from sklearn.ensemble import RandomForestClassifier
from sklearn.datasets import make_classification

# Gerando um conjunto de dados fictício
X, y = make_classification(n_samples=1000, n_features=20, n_informative=2, n_redundant=10, random_state=42)
```

```
# Criando o modelo
model = RandomForestClassifier(n_estimators=100)
# Aplicando validação cruzada
scores = cross_val_score(model, X, y, cv=5)
print("Acurácia média:", scores.mean())
```

CARREIRAS EM CIÊNCIA DE DADOS

À medida que o campo da ciência de dados continua a crescer, surgem muitas oportunidades para os profissionais interessados nesta área. Este capítulo explora as diversas carreiras e especializações dentro da ciência de dados, além de fornecer orientações sobre como se preparar para o mercado de trabalho e dicas eficazes para entrevistas.

EXPLORANDO AS DIVERSAS CARREIRAS E ESPECIALIZAÇÕES NA ÁREA

Cientista de Dados

O cientista de dados é talvez a mais conhecida das carreiras nesta área. Eles usam suas habilidades em estatística, programação e análise de dados para solucionar problemas complexos e gerar insights e estratégias baseadas em grandes volumes de dados.

Engenheiro de Dados

O engenheiro de dados foca mais na arquitetura de sistemas de dados, construção de pipelines de dados, e na manutenção da infraestrutura de dados. Eles garantem que os dados estejam acessíveis e em formato utilizável para cientistas de dados e outros analistas.

Analista de Dados

Os analistas de dados tendem a focar mais na análise de dados existentes para ajudar as empresas a tomar decisões informadas.

Eles podem não criar modelos preditivos complexos como os cientistas de dados, mas usam ferramentas de BI (Business Intelligence) para desenhar relatórios e dashboards.

Estatístico

Os estatísticos aplicam teorias e métodos estatísticos para coletar, revisar e interpretar dados quantitativos para ajudar na tomada de decisões. Eles geralmente têm uma formação acadêmica mais forte em matemática e estatística.

Especialista em Machine Learning

Os especialistas em machine learning focam em desenvolver algoritmos que permitem que as máquinas aprendam a partir de e façam previsões sobre os dados. Eles estão frequentemente na vanguarda da pesquisa e desenvolvimento em IA (inteligência artificial).

Preparação para o Mercado de Trabalho e Dicas para Entrevistas

Preparação Acadêmica e Prática

Educação: Um diploma em áreas como ciência da computação, estatística, matemática ou um campo relacionado é frequentemente recomendado. Cursos especializados em ciência de dados ou bootcamps também podem ser úteis.

Projetos Práticos: Engajar-se em projetos pessoais ou contribuir para projetos open-source pode demonstrar suas habilidades práticas para potenciais empregadores.

Construindo um Portfólio

GitHub: Manter um repositório no GitHub com seus projetos e colaborações é uma excelente maneira de mostrar suas habilidades.

Blogs: Escrever sobre seus projetos, técnicas e descobertas pode não apenas reforçar seu conhecimento, mas também estabelecer sua reputação no campo.

Preparação para Entrevistas

Conhecimento Técnico: Esteja preparado para discutir e demonstrar sua experiência com linguagens de programação relevantes, ferramentas de análise de dados, e metodologias estatísticas.

Resolução de Problemas: Muitas entrevistas incluirão problemas de caso ou testes técnicos para avaliar suas habilidades de resolução de problemas e pensamento crítico.

Perguntas Comportamentais: Esteja preparado para discutir suas experiências passadas, como você lidou com desafios, e como você trabalha em equipe.

Dicas para Entrevistas

Estude a Empresa: Conhecer a empresa, sua cultura, e seus produtos podem ajudá-lo a tailorizar suas respostas e demonstrar seu interesse e adequação para a posição.

Comunique-se Eficazmente: Pratique explicar conceitos complexos de maneira simples e clara, demonstrando suas habilidades de comunicação.

Perguntas a Fazer ao Entrevistador: Demonstre seu interesse e iniciativa fazendo perguntas inteligentes sobre a equipe, projetos atuais e expectativas para a posição.

COMO SAIR-SE BEM E ASCENDER PROFISSIONALMENTE EM UMA EMPRESA

Construir uma carreira de sucesso em ciência de dados vai além da competência técnica; habilidades interpessoais e estratégicas são igualmente cruciais. Este capítulo aborda como você pode maximizar seu impacto no ambiente de trabalho, destacando a importância de desenvolver relacionamentos profissionais, buscar orientação e constantemente desafiar-se com projetos novos.

A IMPORTÂNCIA DE MENTORIAS

Encontrando um Mentor

- Um mentor pode proporcionar orientação valiosa, suporte e feedback que são cruciais para o desenvolvimento profissional. Para encontrar um mentor:

- Identifique profissionais cujas carreiras você admira dentro ou fora de sua empresa.
- Participe de eventos da indústria e workshops onde você pode conhecer potenciais mentores.

Peça feedback regularmente e mostre abertura para crescer.

Benefícios da Mentoria

- Orientação sobre Decisões de Carreira: Mentores podem compartilhar suas próprias experiências e oferecer conselhos práticos sobre como navegar em desafios profissionais.
- Expansão da Rede Profissional: Um mentor pode introduzir você a importantes contatos da indústria, abrindo portas para novas oportunidades.
- Desenvolvimento de Habilidades: Aprenda novas habilidades e refine as existentes com o apoio de um mentor que já passou pelas etapas que você está

enfrentando.

NETWORKING INTERNO

Cultivando Relacionamentos no Trabalho

Networking não é apenas para conferências ou eventos externos. Construir uma rede interna forte é essencial para avançar na carreira:

Participe de reuniões de equipe e eventos da empresa: Estes são excelentes lugares para conhecer colegas de outros departamentos.

Colabore em projetos interdepartamentais: Isso pode aumentar sua visibilidade e mostrar seu valor para a organização.

Seja um jogador de equipe: Ajude os colegas quando eles precisarem e não tenha medo de pedir ajuda. Isso constrói confiança e respeito mútuos.

BUSCANDO PROJETOS DESAFIADORES

Expandindo suas Fronteiras

Buscar ativamente projetos que desafiem suas habilidades atuais é uma das melhores maneiras de crescer:

- Voluntarie-se para novas iniciativas: Isso mostra sua disposição para aprender e enfrentar novos desafios.
- Propõe soluções inovadoras: Use sua expertise em dados para resolver problemas não apenas em sua área, mas em toda a empresa.
- Busque projetos que exigem habilidades interdisciplinares: Projetos que requerem colaboração entre diferentes áreas podem melhorar suas habilidades de comunicação e trabalho em equipe.

CRESCIMENTO PESSOAL E PROFISSIONAL

Educação Contínua

O campo da ciência de dados está sempre evoluindo, então é vital manter-se atualizado com as últimas tecnologias e metodologias:

- Participe de cursos e workshops: Mantenha suas habilidades técnicas afiadas e aprenda outras novas.
- Leia publicações da indústria e participe de webinars: Mantenha-se informado sobre as tendências e mudanças no campo da ciência de dados.

FEEDBACK E AUTOAVALIAÇÃO

Solicite feedback regular: Entender como os outros veem sua contribuição pode ajudar a identificar áreas para melhoria.

Avalie seu progresso: Defina metas de carreira claras e revise-as regularmente para garantir que você está no caminho certo.

CRIAÇÃO DE UM PORTFÓLIO DE PROJETOS DE CIÊNCIA DE DADOS

Para cientistas de dados, um portfólio é uma ferramenta essencial que demonstra sua habilidade técnica, sua capacidade de resolver problemas complexos e sua aptidão para transformar dados brutos em insights acionáveis. Este capítulo oferece um guia detalhado sobre como construir um portfólio eficaz, que não só captura a atenção de potenciais empregadores, mas também destaca seu conhecimento e habilidades de maneira clara e efetiva.

Seleção de Projetos

Diversidade de Projetos

Inclua uma variedade de projetos que mostrem um amplo espectro de habilidades:

- Análise Exploratória de Dados (EDA): Projetos que demonstram sua capacidade de compreender e sumarizar conjuntos de dados.
- Machine Learning: Projetos que envolvem a construção e a validação de modelos preditivos.
- Visualização de Dados: Projetos que destacam sua habilidade de criar visualizações de dados interativas e informativas.
- Limpeza e Manipulação de Dados: Inclua projetos que

envolvem técnicas complexas de pré-processamento e transformação de dados.

RELEVÂNCIA PARA O CARGO DESEJADO

Escolha projetos que estejam alinhados com os requisitos do cargo que você deseja. Por exemplo, se você está aplicando para uma posição que envolve trabalho com grandes conjuntos de dados em tempo real, inclua projetos que demonstrem habilidades relevantes.

Documentação de Projetos

Descrição Clara e Concisa

Cada projeto em seu portfólio deve incluir:

- Objetivo do Projeto: Uma breve descrição do problema que o projeto visa resolver.
- Métodos Utilizados: Uma explicação das técnicas e ferramentas usadas no projeto.
- Resultados Alcançados: Destaque os insights ou impactos gerados pelo projeto.

USO DE JUPYTER NOTEBOOKS

Jupyter Notebooks são excelentes para portfólios de ciência de dados, pois permitem combinar código, saídas de código e narrações em um único documento:

Interatividade: Inclua gráficos interativos e dashboards que permitam aos interessados explorar os dados e os resultados por si mesmos.

Comentários e Explicações: Use comentários no código para explicar suas escolhas de modelagem e análise.

APRESENTAÇÃO DO PORTFÓLIO

Plataforma Online

Considere usar plataformas como GitHub ou um site pessoal para hospedar seu portfólio. Isso não só facilita o acesso aos seus trabalhos por potenciais empregadores, como também demonstra suas habilidades técnicas em manusear ferramentas digitais e de versionamento de código.

Formato Profissional

Layout Consistente: Use um design e layout consistentes para todos os projetos para facilitar a navegação.

Resumo Visual: Inclua capturas de tela de seus projetos ou visualizações chave para chamar atenção rapidamente.

PROMOÇÃO DO SEU PORTFÓLIO

Redes Sociais Profissionais

LinkedIn: Atualize seu perfil com links para o seu portfólio e postagens sobre seus projetos.

Twitter: Participe de discussões sobre ciência de dados e compartilhe seus projetos com a comunidade.

COMUNIDADES ONLINE

Stack Overflow, Kaggle e Reddit: Participe dessas comunidades para compartilhar seus projetos, receber feedback e aprender com outros profissionais.

AVALIAÇÃO E NEGOCIAÇÃO DE UMA PROPOSTA DE TRABALHO

Quando se recebe uma oferta de emprego em ciência de dados, é crucial avaliar e negociar os termos oferecidos cuidadosamente. Este capítulo aborda como avaliar uma proposta de trabalho de maneira abrangente e fornece técnicas eficazes para negociar não apenas salários, mas também benefícios, flexibilidade e outras condições de trabalho.

AVALIAÇÃO DA OFERTA DE EMPREGO

Componentes da Oferta

- Salário: Considere se o salário oferecido está alinhado com suas expectativas, sua experiência e o padrão do mercado para posições similares.
- Benefícios: Analise os benefícios, como seguro saúde, aposentadoria, bônus, e outros incentivos. Considere como eles impactam sua compensação total e bem-estar.
- Flexibilidade: Avalie políticas de trabalho remoto, horários flexíveis e outras formas de trabalho que podem afetar seu equilíbrio entre vida pessoal e profissional.

Cultura da Empresa e Crescimento de Carreira: Investigue a cultura da empresa e as oportunidades de desenvolvimento profissional. Isso pode incluir treinamentos, oportunidades de promoção e suporte educacional.

PESQUISA DE MERCADO

Faça uma pesquisa para entender se a oferta está alinhada com as tendências do mercado:

Utilize sites como Glassdoor, PayScale e LinkedIn para pesquisar salários e benefícios em empresas similares na mesma região.

Consulte redes profissionais e fóruns para obter feedback de funcionários atuais e antigos sobre a empresa.

Técnicas de Negociação

Preparação para a Negociação

Documente seus sucessos e qualificações: Tenha claro em sua mente (e em papel, se necessário) um resumo de suas realizações mais recentes, habilidades e qualificações que justifiquem suas solicitações.

Defina suas prioridades: Saiba o que é mais importante para você em uma oferta de trabalho (salário, benefícios, flexibilidade) e esteja preparado para fazer concessões em áreas menos críticas para garantir ganhos nas mais importantes.

ESTRATÉGIAS DE NEGOCIAÇÃO

- Seja assertivo, mas cortês: Comunique suas expectativas claramente sem ser confrontativo. Expressar gratidão pela oferta e entusiasmo pela posição pode facilitar negociações mais amigáveis.
- Use dados como suporte: Apresente evidências baseadas em dados de suas pesquisas de mercado para reforçar seu pedido por um salário ou benefícios específicos.
- Esteja preparado para recuar: Saiba até onde você está disposto a ir. Se a negociação não atender a um nível aceitável, esteja preparado para considerar outras ofertas ou continuar sua busca.

NEGOCIANDO ALÉM DO SALÁRIO

- Flexibilidade de Trabalho: Se a flexibilidade é importante para você, discuta como e quando você pode trabalhar de casa ou ter horários flexíveis.
- Desenvolvimento Profissional: Negocie oportunidades de desenvolvimento, como subsídios para educação contínua ou participação em conferências.
- Tempo de Férias: Se o tempo livre é importante, negocie dias de férias adicionais.
- Considerações Finais Antes de Aceitar a Oferta

Avaliação Pessoal

Alinhamento com Objetivos de Carreira: A posição oferece o tipo de desafios e o caminho de carreira que você deseja?

Impressões da Equipe e Liderança: Você se sentiu confortável com a equipe e os líderes durante o processo de entrevista?

Instinto: Por fim, confie em seu instinto. Se algo não parecer certo, pode valer a pena reconsiderar.

COMO SAIR-SE BEM E ASCENDER PROFISSIONALMENTE EM UMA EMPRESA

Desenvolver uma carreira bem-sucedida em ciência de dados vai além de dominar as habilidades técnicas; requer também habilidades interpessoais e estratégicas cruciais para maximizar o impacto no ambiente de trabalho. Este capítulo explora como você pode aprimorar essas competências para promover seu crescimento pessoal e profissional.

A IMPORTÂNCIA DE MENTORIAS

Benefícios da Mentoria

A mentoria é fundamental para o desenvolvimento profissional, oferecendo várias vantagens:

- Orientação e suporte de alguém mais experiente na área.
- Desenvolvimento de habilidades tanto técnicas quanto interpessoais.
- Networking, com introduções a profissionais influentes e oportunidades relevantes.

Como Encontrar um Mentor

- Identifique possíveis mentores dentro e fora de sua empresa que possuam a carreira ou habilidades que você aspira desenvolver.
- Participe de eventos de networking e seminários da indústria, onde você pode conhecer e interagir com potenciais mentores.
- Solicite formalmente a mentoria após estabelecer um relacionamento inicial, explicando como você acredita que essa pessoa poderia ajudá-lo em sua carreira.

NETWORKING INTERNO

Estratégias de Networking

- Engaje-se ativamente em atividades da empresa, como reuniões de equipe, treinamentos e eventos sociais.
- Colabore além de seu departamento. Projetos interdepartamentais podem ampliar sua visibilidade e impacto dentro da empresa.
- Seja um solucionador de problemas. Ajudar outros colegas com desafios de dados pode estabelecer sua reputação como um colaborador valioso e acessível.

CONSTRUINDO RELACIONAMENTOS PROFISSIONAIS

- Mantenha comunicações regulares com colegas de outros departamentos para entender melhor seus desafios e oferecer soluções baseadas em dados.
- Ofereça e solicite feedback para melhorar continuamente e fortalecer relações profissionais.

BUSCA CONTÍNUA POR PROJETOS DESAFIADORES

Por que Buscar Projetos Desafiadores?

- Desenvolvimento de habilidades: Projetos complexos forçam você a aprender e aplicar novas técnicas ou tecnologias.
- Visibilidade: Projetos de alto impacto podem aumentar sua visibilidade perante a liderança sênior.
- Contribuições mensuráveis: Projetos desafiadores muitas vezes resultam em contribuições diretas para o sucesso da empresa, o que pode ser documentado e destacado em avaliações de desempenho.

COMO ENCONTRAR PROJETOS DESAFIADORES

- Esteja atento aos problemas da empresa que ainda não foram solucionados e proponha projetos de dados para abordá-los.
- Solicite para participar em novas iniciativas, especialmente aquelas que estão fora de sua zona de conforto técnico.
- Desenvolva propostas de projetos que alinhem as necessidades da empresa com seus interesses e habilidades de crescimento.

DICAS PARA ASCENSÃO PROFISSIONAL

Documente suas conquistas. Mantenha um registro de todos os seus projetos bem-sucedidos, as habilidades usadas e os benefícios trazidos para a empresa.

Peça por mais responsabilidade de forma gradual para mostrar sua capacidade de lidar com desafios maiores.

Seja proativo sobre seu desenvolvimento de carreira. Discuta suas aspirações de carreira com seus superiores e peça conselhos e suporte para alcançar esses objetivos.

COMO SAIR-SE BEM EM ENTREVISTAS COM CIENTISTAS DE DADOS PROFISSIONAIS

Entrevistas para posições em ciência de dados podem ser intensas, dada a demanda por uma combinação robusta de habilidades técnicas e interpessoais. Este capítulo fornece estratégias para se preparar para os aspectos técnicos e comportamentais das entrevistas, destacando como você pode demonstrar eficazmente suas habilidades e comunicar seus projetos e resultados.

Preparação Técnica

Revisão de Conceitos Fundamentais

Antes da entrevista, revise os conceitos fundamentais de estatística, programação em Python ou R, e machine learning. Certifique-se de entender bem:

- Estatísticas descritivas e inferenciais
- Principais algoritmos de machine learning, como árvores de decisão, regressões e redes neurais
- Manipulação de dados com Pandas e NumPy
- Visualização de dados com bibliotecas como Matplotlib

- e Seaborn
- Prática de Problemas de Codificação

Prepare-se para resolver problemas de codificação que são frequentemente parte das entrevistas técnicas para cargos de ciência de dados:

- Plataformas como LeetCode, HackerRank, ou CodeSignal
- Projetos pessoais ou contribuições em projetos open-source
- Preparação Comportamental
- Demonstrar Pensamento Analítico

Prepare-se para discutir como você abordou problemas complexos em seus projetos anteriores. Esteja pronto para explicar:

- O processo de pensamento por trás de suas análises
- Como você escolheu ferramentas e métodos específicos
- Resultados dos projetos e como eles impactaram a decisão ou desempenho da organização

Comunicação Eficaz de Projetos

Prepare um breve resumo de seus projetos mais significativos, destacando o problema, a solução implementada, e os resultados alcançados.

Use termos que um leigo entenderia, mesmo quando descrever tecnologias e métodos complexos, para mostrar que você pode comunicar eficazmente aspectos técnicos para não especialistas.

PERGUNTAS COMUNS EM ENTREVISTAS PARA CIÊNCIA DE DADOS

- Descreva um projeto do qual você está particularmente orgulhoso. O que você fez e qual foi o impacto?
- Como você lida com dados faltantes ou outliers em seu dataset?
- Dê um exemplo de como você usou visualizações de dados para influenciar a direção de um projeto.
- Como você se mantém atualizado com as novas tendências em ciência de dados?

Recursos e Sites que Podem Ajudar na Carreira de Ciência de Dados

Este capítulo oferece uma lista de recursos online valiosos para quem busca avançar na carreira de ciência de dados, seja você um iniciante procurando aprender o básico ou um profissional experiente buscando aperfeiçoar suas habilidades.

Plataformas de Aprendizado Online

Cursos e Certificações

Coursera: Oferece cursos de universidades renomadas com foco em ciência de dados e machine learning.

edX: Similar ao Coursera, com cursos adicionais focados em estatísticas e programação.

DataCamp: Focado especificamente em ciência de dados, oferece caminhos de aprendizado interativos em R, Python e SQL.

Udacity: Conhecido por seus "Nanodegrees" que oferecem uma aprendizagem prática orientada a projetos em parceria com líderes da indústria.

COMUNIDADES E REDES PROFISSIONAIS

Conectar com Outros Profissionais

Kaggle: Além de ser uma plataforma para competições de ciência de dados, Kaggle permite que usuários compartilhem kernels e datasets, proporcionando uma excelente oportunidade de aprendizado colaborativo.

GitHub: Ideal para explorar projetos de ciência de dados, colaborar com outros e construir um portfólio robusto.

Stack Overflow: Útil para resolver dúvidas específicas e conectar-se com uma comunidade global de desenvolvedores e cientistas de dados.

MANTENDO-SE ATUALIZADO

Blogs e Publicações

Towards Data Science em Medium: Oferece uma variedade de artigos sobre as últimas técnicas e tendências em ciência de dados.

Data Science Central e KDnuggets: Dois dos blogs mais respeitados, fornecem insights profundos sobre a indústria de ciência de dados.

PERSEVERANÇA NO CAMINHO PARA O SUCESSO EM CIÊNCIA DE DADOS

À medida que encerramos nossa jornada através deste livro, é importante refletir sobre os desafios e oportunidades que a carreira em ciência de dados apresenta. Você foi equipado com conhecimento sobre uma variedade de tópicos essenciais, desde o desenvolvimento técnico até estratégias de carreira e networking. Agora, o caminho à frente está aberto para você explorar com confiança e competência.

Lembre-se, o campo da ciência de dados é tão exigente quanto recompensador, e o sucesso requer mais do que apenas habilidade técnica. Exige curiosidade, paixão e, acima de tudo, perseverança. Cada projeto que você aborda, cada conjunto de dados que você analisa, e cada modelo que você constrói adiciona uma camada de proficiência e confiança ao seu repertório.

Nunca desista de seus sonhos. O caminho para se tornar um cientista de dados bem-sucedido pode ser desafiador, mas cada obstáculo é uma oportunidade para aprender e crescer. Os erros e fracassos, embora frustrantes, são fundamentais para o desenvolvimento profissional. Abraçá-los como etapas essenciais no caminho para a maestria.

Ao prosseguir na sua carreira, continue a buscar oportunidades de aprendizado e desenvolvimento. Mantenha-se envolvido com a comunidade de ciência de dados, compartilhe suas descobertas e aprenda com as experiências de outros. A ciência de dados não é apenas uma profissão, mas uma jornada contínua de descoberta e inovação.

Seja audaz, seja curioso, e acima de tudo, seja persistente. As portas irão se abrir à medida que você avança com determinação e paixão. O mundo da ciência de dados está evoluindo rapidamente, e com a preparação correta, você não apenas acompanhará, mas também liderará algumas dessas mudanças.

Com os conhecimentos adquiridos e as ferramentas fornecidas neste livro, você está bem posicionado para fazer uma marca significativa no campo. Vá em frente, explore novos dados, crie modelos inovadores, e transforme insights em ações. O futuro da ciência de dados está em suas mãos, e estamos entusiasmados para ver as maravilhas que você irá realizar.

Boa sorte, e que sua carreira em ciência de dados seja tão gratificante e iluminada quanto sua perseverança e dedicação merecem.

Com gratidão,

Deivison Viana Andrade

RECURSOS ADICIONAIS

1. Para enriquecer sua jornada de aprendizado em ciência de dados e garantir que você tenha acesso a ferramentas e informações atualizadas, aqui estão alguns recursos adicionais que você pode explorar. Estes recursos incluem livros, websites, ferramentas online, e comunidades que irão ajudá-lo a aprofundar seu conhecimento e expandir suas habilidades na área de ciência de dados.
2. Livros Recomendados
3. "Data Science for Business" por Foster Provost e Tom Fawcett - Explica os princípios fundamentais da ciência de dados e como eles podem ser aplicados para resolver problemas reais de negócios.
4. "Pattern Recognition and Machine Learning" por Christopher M. Bishop - Um guia avançado para algoritmos de machine learning e reconhecimento de padrões.
5. "Python for Data Analysis" por Wes McKinney - Focado na utilização do Python para manipulação, processamento, limpeza e análise de dados.
6. "The Signal and the Noise" por Nate Silver - Explora a arte e a ciência de previsão, destacando a aplicação de previsões em vários campos através de estatísticas.
7. Websites para Aprendizado Contínuo
8. Kaggle: Ideal para praticar suas habilidades de ciência de dados através de competições, além de interagir com uma comunidade global.
9. Towards Data Science: Uma plataforma no Medium que

oferece uma grande variedade de artigos sobre todos os aspectos da ciência de dados, escritos por profissionais da área.
10. DataCamp: Oferece cursos interativos em ciência de dados e programação estatística focados na prática.
11. Ferramentas Online
12. Google Colab: Permite que você escreva e execute código Python no navegador, com recursos como computação gratuita de GPU e fácil compartilhamento.
13. Microsoft Azure Notebooks: Uma plataforma gratuita hospedada na nuvem para Jupyter notebooks que é ótima para projetos colaborativos.
14. IBM Watson: Oferece uma variedade de ferramentas para ajudar a construir modelos de machine learning e analisar dados diretamente na nuvem.
15. Comunidades e Fóruns
16. Stack Overflow: Além de ser um recurso essencial para resolver dúvidas de programação, possui uma comunidade ativa em tópicos de ciência de dados.
17. Reddit r/datascience: Um fórum onde profissionais de ciência de dados compartilham insights, notícias e discussões sobre a indústria.
18. Meetup: Procure por grupos de encontro de ciência de dados em sua cidade. Estes encontros podem ser ótimos para networking e aprendizado contínuo.
19. Conferências e Workshops
20. NeurIPS (Conference on Neural Information Processing Systems): Uma das principais conferências sobre machine learning e computação neural.
21. Strata Data Conference: Focada em como a ciência de dados, a inteligência artificial e as novas práticas de dados estão mudando o mundo dos negócios.

LISTA DE ACRÔNIMOS USADOS NO LIVRO

- **AI** - Artificial Intelligence (Inteligência Artificial)
- **API** - Application Programming Interface (Interface de Programação de Aplicações)
- **AUC** - Area Under the Curve (Área Sob a Curva)
- **BI** - Business Intelligence (Inteligência de Negócios)
- **CNN** - Convolutional Neural Network (Rede Neural Convolucional)
- **CPU** - Central Processing Unit (Unidade Central de Processamento)
- **CSV** - Comma-Separated Values (Valores Separados por Vírgula)
- **EDA** - Exploratory Data Analysis (Análise Exploratória de Dados)
- **GB** - Gigabyte
- **GPU** - Graphics Processing Unit (Unidade de Processamento Gráfico)
- **HTML** - HyperText Markup Language (Linguagem de Marcação de Hipertexto)
- **HTTP** - HyperText Transfer Protocol (Protocolo de Transferência de Hipertexto)
- **IDE** - Integrated Development Environment (Ambiente de Desenvolvimento Integrado)
- **IQR** - Interquartile Range (Intervalo Interquartil)
- **JSON** - JavaScript Object Notation
- **KPI** - Key Performance Indicator (Indicador Chave de

Performance)
- **LOO** - Leave-One-Out (Deixar-Um-Fora)
- **ML** - Machine Learning (Aprendizado de Máquina)
- **MSE** - Mean Squared Error (Erro Quadrático Médio)
- **NLP** - Natural Language Processing (Processamento de Linguagem Natural)
- **PCA** - Principal Component Analysis (Análise de Componentes Principais)
- **RAM** - Random Access Memory (Memória de Acesso Aleatório)
- R^2 - Coefficient of Determination (Coeficiente de Determinação)
- **SQL** - Structured Query Language (Linguagem de Consulta Estruturada)
- **SVM** - Support Vector Machine (Máquina de Vetores de Suporte)
- **UI** - User Interface (Interface do Usuário)
- **URL** - Uniform Resource Locator (Localizador Uniforme de Recursos)
- **UX** - User Experience (Experiência do Usuário)

https://www.deivisonviana.com

www.ingramcontent.com/pod-product-compliance
Lightning Source LLC
Chambersburg PA
CBHW050323230526
45471CB00005B/2325